BEI GRIN MACHT SICH IHR
WISSEN BEZAHLT

Bibliografische Information der Deutschen Nationalbibliothek:

Die Deutsche Bibliothek verzeichnet diese Publikation in der Deutschen National-bibliografie; detaillierte bibliografische Daten sind im Internet über http://dnb.d-nb.de/ abrufbar.

Impressum:

Copyright © 2018 GRIN Verlag
Druck und Bindung: Books on Demand GmbH, Norderstedt Germany
ISBN: 9783668776869

Jasmin Ottens

Frühkindliche Bindungsentwicklung. Eine Analyse auf Grundlage der Bindungstheorie nach John Bowlby und Mary Ainsworth

GRIN Verlag

Universität Vechta
Department I Gerontologie

Frühkindliche Bindungsentwicklung

- Eine Analyse auf Grundlage der Bindungstheorie nach John Bowlby und Mary Ainsworth -

Eingereicht von: **Jasmin Ottens**

Inhaltsverzeichnis

Einleitung 3

1. Die Entwicklung der Bindungstheorie 4

2. Die Bindungstheorie 5

   2.1 Bindung und ihre Verhaltenssysteme 6

   2.2. Phasen der Entwicklung von frühen Bindungen 8

   2.3 Das Konstrukt des inneren Arbeitsmodells 10

   2.4 Das Konzept der mütterlichen Feinfühligkeit 11

3. Die „Fremde Situation" nach Mary Ainsworth 13

   3.1 Bindungsmuster 14

      3.1.1 Sicheres Bindungsmuster (Typ B) 14

      3.1.2 Unsicher-vermeidendes Bindungsmuster (Typ A) 15

      3.1.3 Unsicher-ambivalentes Bindungsmuster (Typ C) 16

      3.1.4 Desorganisiertes Bindungsmuster (Typ D) 16

Fazit / Schlussbetrachtung 18

Literaturverzeichnis 20

Um die Lesbarkeit zu erleichtern, wird innerhalb der folgenden Ausführungen bei Personenbezeichnungen stets das generische Maskulinum verwendet

Einleitung

Für den Aufbau von Resilienz und Urvertrauen sowie für die völlige Entfaltung der eigenen Kompetenz, gilt eine sichere Bindung zwischen Kind und Bezugsperson als das wichtigste Attribut.[1] Die Bindungserfahrungen im Form von emotionaler Zuwendung und Versorgung sind für einen Säugling unabdingbar, und prägen ihn nachhaltig in seiner Persönlichkeitsentwicklung und geistigen Gesundheit. Insbesondere die Qualität der Beziehung, die hauptsächlich durch die mütterliche Reaktion und Verhaltensfärbung gemessen wird, nimmt einen exorbitanten Stellenwert ein, wenn es um die Thematik der Bindung geht.[2]

Auf dieser Tatsache aufbauend, konstruierte in den 1950iger Jahren der aus England stammende Psychiater und Psychoanalytiker John Bowlby (1907 – 1990) die Bindungstheorie. Die Ergründung und Analyse relevanter Bedingungen für eine gelungene emotionale Entwicklung standen dabei im Fokus seiner psychologischen Theorie. Der kanadischen Psychologin Mary Ainsworth gelang es dann die Thesen Bowlbys, mittels empirischen Forschungsarbeiten zugänglich zu machen. Seither ist die Bindungstheorie fest in die Wissenschaft und den dazugehörigen Zweigen wie Psychologie / Psychiatrie integriert und findet darin auch in praktischen Tätigkeiten Anwendung. Bindungsforschung gewinnt also an zunehmender Bedeutung, sodass sie mittlerweile nicht nur in akademischen Kreisen angewandt und diskutiert wird, sondern auch in diversen Richtlinien und Praxen.[3]

Angesichts der wissenschaftlichen Popularität und Qualität der Bindungstheorie ist es interessant, die Fragen nach den Bedingungen gelungener bzw. sicherer Bindung zwischen Bindungsperson und Kind zu beantworten. Außerdem ist es relevant zu ergründen, welches Beziehungsverhalten ein Kind zeigt, wenn die ersten Bindungserfahrungen von negativer Natur waren, wie es zum Beispiel bei einer Kindesverwahrlosung der Fall wäre.[4] Zum besseren Verständnis werde ich im ersten Kapitel skizzenhaft die Wurzeln der Bindungstheorie darstellen, da die grobe Kenntnis darüber sinnvoll ist, um sich mit dieser Thematik adäquat auseinanderzusetzen zu können. Im zweiten Kapitel werden dann die Grundlagen der Bindungstheorie dargestellt, woraufhin dann im dritten Kapitel die Laborsituation „Fremde Situation" dargestellt wird, da diese unter anderem zur Sichtbarmachung diverser Bindungsmuster geführt hat, welche innerhalb dieses Kapitels genauer betrachtet werden sollen. Zum Schluss folgt das Fazit.

---

[1] Vgl.: Trost (Hrsg.), 2014, S. 7.
[2] Vgl.: Ahnert, 2010, S.26.; Vgl.: Bowlby, 1973, S. 15.
[3] Vgl.: Sprangler & Zimmermann (Hrsg.), 1995, S. 9.; Vgl.: Howe, 2015, S. 13.
[4] Vgl.: Brisch K. H. (Hrsg.), 2011, S. 7.

1. Die Entwicklung der Bindungstheorie

John Bowlby begann in den 1920iger Jahren ein Medizinstudium in welchem er seine Aufmerksamkeit äußerst gerne auf psychologische Themen richtete. Währenddessen stieß er auf diverse erzieherische Praktiken die bei Heimkindern angewandt wurden, um Verhaltensauffälligkeiten zu therapieren. Diese Methoden waren von Freiheitsgedanken und Toleranz geprägt, welche natürlich gegensätzlich zum damals vertretendem Erziehungsstil und Forschungsstand standen. Diese Tatsache erweckte das Interesse Bowlbys und er unterbrach sein Studium, um in einem solchem Heim ein Praktikum zu absolvieren. Dabei kam er zu dem Entschluss, dass es einen Zusammenhang zwischen den traumatisierenden Kindheitserfahrungen und den jetzigen Verhaltensweisen geben muss. So entschloss Bowlby Kinderpsychiater zu werden.[5]

Im Jahr 1933 beendete er sein Studium und nahm eine Stelle in London an der „Child Guidance Clinic" an. Ihm wurde immer bewusster, dass er im Gegensatz zu vielen anderen Psychoanalytikern nicht die kindlichen Phantasien in der Analyse von Verhaltensweisen hinzuziehen sollte, sondern diverse Familienereignisse. Er wies dabei immer wieder auf die elementaren Folgen hin, die aus einer Trennung zwischen Eltern und Kind resultieren können. Er veröffentlichte dazu etliche Statistiken und Berichte, welche auch in Fachzeitschriften erschienen, sodass die Weltgesundheitsorganisation (WHO) an Bowlby herantrat und ihm dem Auftrag erteilte, *„[...]die wissenschaftlichen Erkenntnisse über die Probleme von Kindern, die über kein Zuhause verfügten, zusammenzustellen."*[6]

Nach dem zweiten Weltkrieg bekam er dann den Auftrag an der „Tavistock Clinic" eine kinderpsychiatrische Station einzurichten, welche er dann als Abteilung für Eltern und Kind betitelte. Alleine die Namensgebung und auch die familienstrukturellen Untersuchungen und die dadurch hervorgebrachten Ergebnisse, haben seine Bindungsforschung vorangetrieben, sodass dann 1951 die von der WHO gewünschten Erkenntnisse in Form eines Berichts präsentiert werden konnten.[7] Hinzuzufügen ist dabei aber, dass Bowlby nach kurzer Einarbeitung schnell feststellen musste, dass die Therapeuten und Wissenschaftler der Tavistock Klinik einem Paradigma folgten, mit dem Bowlby sich nicht identifizieren konnte, da ihn in erster Linie Familienereignisse interessierten. So beschloss er rasch seine eigene Forschungsgruppe zu gründen, in welche nach einigen Jahren glücklicherweise Mary Ainsworth als seine Mitarbeiterin integriert wurde. Diese hat mit ihrer Arbeit nicht nur die relevanten Grundlagen der Bindungsthe-

---

[5] Vgl.: Schleiffer, 2015, S. 16f.
[6] Schleiffer, 2015, S. 19.; Vgl.: Lengning & Lüpschen, 2012. S. 9f.
[7] Vgl.: Howe, 2015, S. 27.; Schleiffer, 2015, S. 21ff.

orie empirisch bestätigt und gleichzeitig bestärkt, sondern hat auch die subjektiven Unterschiede berücksichtigt sowie einige theoretische Ansätze wie beispielsweise die „sicherer Basis" modifiziert. (mehr dazu in Kapitel 2.1).[8] Die Bindungstheorie ist in seiner ethologischen Natur innerhalb 1960er Jahre entstanden und kombiniert „klinisch-psychoanalytisches Wissen mit evolutionsbiologischem Denken."[9]. Die Weiterentwicklung dieser Theorie erfolgte dabei nicht nur durch Ainsworth's Arbeit, sondern auch durch ihre Schüler wie beispielweise K. und K. Grossmann, welche durch entwicklungspsychologische Längsschnittstudien zur weiteren empirischen Fundierung der Theorie beitrugen.[10]

Diese skizzenhafte Darstellung der Entwicklung der Bindungstheorie hat verdeutlicht, dass Bowlby einer der ersten Psychoanalytiker seiner Zeit war, der es gewagt hat aus den alten Denkmustern auszubrechen und neue Wege zu gehen. Dabei war Mary Ainsworth diejenige die ihm dazu verhalf, seine Theorie endlich publik zu machen und dauerhaft in die Wissenschaft zu integrieren. Welche theoretischen Ansätze Bowlby und Ainsworth formuliert haben, soll im nächsten Kapitel Betrachtung finden. Alle schwarz gedruckten Begriffe sind die Grundbegriffe der Bindungstheorie, welche sich an der Darstellung von Grossmann und Grossmann (2012) orientieren.

2. Die Bindungstheorie

Die Erfahrungen die wir auf sozialer Ebene sammeln, prägen unsere Persönlichkeitsentwicklung. Diese Aussage bildet den Kern des umfassenden Konzepts der Bindungstheorie, welche in erster Linie klären soll, in welcher Beziehung eine (erzwungene) Trennung bzw. der Wegfall der Bezugsperson, oder auch eine elterliche Zurückweisung zu Gefühlen wie Wut, Trauer, Angst und späteren Depressionen oder emotionaler Entfremdung stehen. Anfangs hat die Theorie zwar hauptsächlich seine Wurzeln in den Verhaltensbeobachtungen bei Trennung zwischen Mutter und Kind, doch im Laufe der Weiterentwicklungen ist sie zu einer Theorie geworden, die auf die gesamte Lebensspanne übertragen werden kann.[11]

Die Bindungstheorie befasst sich mit der Entwicklung von Bindung, mit unterschiedlichen Bindungsqualitäten, sowie der mütterlichen Feinfühligkeit. Außerdem beschreibt sie die ungleichen Reaktionen auf Trennungs- und Wiedersehensereignisse bei Säuglingen, mitsamt dem folglich auftretenden Wandel im Kommunikationsverhalten. Auf Grundlage dessen wurden in

---

[8] Vgl.: Sprangler & Zimmermann (Hrsg.), 1995, S. 32.
[9] Grossmann & Grossmann, 2012, S. 31.
[10] Vgl.: Veith, 2008, S. 7.
[11] Vgl.: Grossmann & Grossmann 2012, S. 67ff.

den darauffolgenden Jahren etliche Längsschnittuntersuchungen mit Kindern und dessen Familien gemacht, dessen Ergebnisse den Schluss auf verschiedene Bindungsmuster zuließen. Diese Aspekte sollen in den folgenden Unterkapiteln und dem dritten Kapitel anschaulich dargestellt werden.

2.1 Bindung und ihre Verhaltenssysteme

Bindung an eine kräftige und wegweisende Person ist für das unwissende und schwache Kind von großer Bedeutung und bietet Schutz, Wärme und führt zur Integration in die jeweilige Kultur. Wenn ein Kind während seines Reifungsprozesses einigermaßen geschützt aufwachsen kann und er Hilfe sowie Anregungen von anderen Mitgliedern des jeweiligen sozialen und kulturellen Umfeldes bekommt, dann steht der Entwicklung von Urvertrauen und dem Wunsch nach eigener späterer Elternschaft nichts mehr im Wege. Außerdem bildet dies die **Grundlage seelischer Gesundheit** und führt zur Befriedigung relevanter **Grundbedürfnisse**.[12]

Laut dem Begründer der Bindungstheorie John Bowlby ist **Bindung** als „ *[...] ein emotionales Band, das ein Kind zwischen sich und einer vertrauten Bezugsperson aufbaut und das die beiden über Raum und Zeit bindet*"[13], zu verstehen. Das Bedürfnis nach dem Aufbau einer Bindung ist bereits zu Beginn des ersten Atemzugs von oberster Priorität und liegt in der Natur eines jeden Menschen.[14] Bowbly meint damit ein „*natürliches, vom Nahrungs- und Sexualtrieb abzugrenzendes „Überlebensmuster" [...].*"[15] Die Sichtweise Bowlbys beruht in erste Linie auf dem Konzept der motivationalen Verhaltenssysteme. Frühe Bindung bezieht sich in der Regel auf die Eltern oder auf eine andere **primäre Bezugsperson**, je nachdem wer regelmäßig mit dem Säugling interagiert und ihn versorgt. Hauptbindungsperson ist meistens die Mutter oder der, der sich am meisten kümmert. Im Laufe der Ausführungen ist zu berücksichtigen, dass hauptsächlich der Ausdruck der Mutter verwendet wird, dies aber gleichermaßen auf andere Personen übertragbar ist, die die Rolle Hauptbindungsperson erfüllen. Falls das Kind Schutz oder Trost sucht, ist die Hauptbindungsperson die erste Anlaufstelle, oder auch im Falle einer Nichtverfügbarkeit eine andere vertraute Person. Folglich ergibt sich im Laufe der Zeit eine Hierarchie von Bindungspersonen.[16] Um eine **Bindungsbeziehung** aufzubauen verfügen wir über ein angeborenes Spektrum an Verhaltensweisen, die die Nähe der gewünschten Person

---

[12]Vgl.: Brisch & Hellbrügge (Hrsg.), 2014, S. 31.; Vgl.: Grossmann & Grossmann, 2012, S. 75.
[13] Bowlby 1975, Ainsworth et al. 1978 zitiert nach Brisch (Hrsg.), 2011, S. 282.
[14] Vgl.: Bowlby, 2001, S. 7.
[15] Bowlby, 2014, S. 21. Auslassung: J. O.
[16] Vgl.: Lengning & Lüpschen, 2012, S. 11.; Vgl.: Grossmann & Grossmann, 2015, S. 317.

herbeiführen können und sollen (Verhaltenssysteme). Bowlby versteht unter **Bindungsverhalten** *„[…] jegliches Verhalten, das darauf ausgerichtet ist, die Nähe eines vermeintlich kompetenteren Menschen zu suchen oder zu bewahren, ein Verhalten das bei Angst, Müdigkeit, Erkrankung und entsprechendem Zuwendungs- oder Versorgungsbedürfnis am deutlichsten wird."* [17]

In diesem Zusammenhang erscheint wichtig anzumerken, dass Bindung als ein nicht beobachtbares, erdachtes Konstrukt verstanden werden muss, wohingegen das Bindungsverhalten die Bindung in seiner inneren Organisation und den damit verknüpften Emotionen abbildet. [18]

Das Bindungsverhalten bleibt lebenslang erhalten, wobei dieses in den ersten Lebensmonaten durch sogenannte Signalverhaltensweisen Ausdruck findet. Beispielsweise in Form von Weinen, Lachen, Brabbeln oder Rufen. Anklammern oder auch das Nachkrabbeln sollen die Bindungsfigur anregen Kontakt aufzunehmen oder diesen zu halten. Jene Verhaltensmuster werden im Laufe der Zeit in ein Bindungsverhaltenssystem integriert, welches sich immer an die jeweilige Bindungsperson anpasst. Ist das System aktiviert, zeigt sich das kindliche Bindungsverhalten. Analog dazu unterliegen Eltern auch einem evolutionär bedingten Konstrukt, welches die Versorgung des Kindes sicherstellt. Denn durch die Pflege der Nachkommen ist die Weitergabe der Gene gesichert, sodass von Natur aus bei Elternschaft das System des sogenannten Fürsorgeverhaltens aktiviert wird. [19] Dieses Fürsorgeverhaltenssystem spiegelt und modifiziert das Bindungsverhaltenssystem des Kindes und bei wiederholter einfühlsamer, angepasster Reaktion seitens der Bindungsperson, bewirkt dies eine Kräftigung des kindlichen Bindungsverhaltenssystems. [20]

Ergänzend zum elterlichen Fürsorgesystem und kindlichem Bindungsverhaltenssystem existiert **das System des Explorationsverhaltens.** Es meint den kindlichen Drang seine Umwelt zu erkunden, um dann seine Verhaltensweisen zu optimieren und anzupassen. Es steht dem Bedürfnis nach Bindung gegenüber. Es ist der natürliche Trieb, all‘ seine Entwicklungsmöglichkeiten zu entdecken und dabei Bedrohungen und Gefahren auszukundschaften. Das Explorationsverhalten steht in ständiger Wechselwirkung zum Bindungsverhalten, da niemals beides gleichzeitig auftreten kann. Fühlt sich ein Kind sicher kann es explorieren, fühlt es sich hingegen unsicher, aktiviert sich das Bindungsverhaltenssystem und Bindungsverhaltensweisen werden vom Kind gezeigt. Die Bindungsperson dient also als eine Art „sichere Basis", von der aus

---

[17] Bowlby, 2014, S 21. Auslassung: J. O.
[18] Vgl.: Grossmann & Grossmann, 2015, S. 33.
[19] Vgl.: Gaschler & Buchheim (Hrsg.), 2012, S. 2.; Vgl.: Henri, Gasteiger-Klicpera, & Kißen, 2009, S. 13.; Vgl.: Howe, 2015, S. 28.
[20] Vgl.: Howe, 2015, S. 36.

sich das Kind auf Erkundungstour begeben kann und bei Bedarf zu ihr zurückkehren kann („sicherer Hafen"). Ersichtlich wird hier die Doppelfunktion der Bindung, denn zum einem schenkt die Bindungsperson Trost und zum anderen unterstützt beim Explorationsdrang.[21] Komm die Mutter den Bedürfnissen seines Kindes also in angemessener Art und Weise nach entsteht eine sichere Bindung. Dadurch wird dem Kind die Möglichkeit geboten seine Umwelt spielerisch zu erkunden und sich zu einer autonomen, neugierigen und experimentierfreudigen Person zu entwickeln. Sie können gut alleine sein und probieren neue Dinge aus, ohne dabei ständig nach Hilfe zu verlangen.[22] Wiederum sind eine „Unsichere [!] Bindung und Exploration [...] unvereinbar."[23]

Die frühe Bindungsbeziehung zwischen Mutter und Kind durchläuft verschieden Entwicklungsphasen die im nächsten Abschnitt betrachtet werden sollen.

2.2. Phasen der Entwicklung von frühen Bindungen

Je nach Altersklasse und Grad der Entwicklung des Säuglings bzw. Kindes, durchläuft nach Bowlby der Aufbau von Bindungsbeziehungen vier Phasen. Die Bindung entsteht erst im Laufe des ersten Lebensjahres mit Hilfe der (emotionalen) Interaktion und Kommunikation zwischen Bindungsperson und Kind. Wichtig ist zu berücksichtigen, dass es zwischen den Phasen keine klaren Abgrenzungen gibt. Die **erste Phase** umfasst die Zeit von der Geburt bis zum drittem Lebensmonat und ist dadurch gekennzeichnet, dass der Säugling ungezielte Laute von sich gibt sowie unspezifische Reaktionen zeigt. Diese Phase ist geprägt von der Aktivierung simpler Verhaltenssysteme, wie Anklammern, Saugen, Weinen und Anschmiegen. Er lässt sich von allen Personen trösten und beruhigen. Ab den zweiten Lebensmonat folgt dann das erste soziale Lächeln, wobei der Säugling nicht zwischen vertrauten und unvertrauten Menschen unterscheidet, aber dennoch befähigt ist seine Mutter anhand des Geruchs und der Stimme zu identifizieren. In der **zweiten Phase**, welche vom dritten bis zum sechsten Lebensmonat andauert, fängt der Säugling an erste spezifische, zielgerichtete Signale an eine Person zu richten, am häufigsten jedoch an die Mutter. Diese Phase wird auch zielorientierte Phase genannt, da der Säugling nun deutlicher auf die Mutter reagiert und diese ihn auch am schnellsten zum Lachen bringen

---

[21] Vgl.: Lengning & Lüpschen, 2012, S. 11ff.; Vgl.: Howe, 2015, S. 37.; Vgl.: Brisch K.-H. , 1999, S. 38.;
Vgl.: Bowlby, 2006, S. 256.; Vgl.: Suess, 2011, S. 14.
[22] Vgl.: Howe, 2015, S. 38.
[23] Holmes, 2012, S. 12. Auslassung: J.O.

kann. Außerdem richtet sich sein Signalverhalten nicht mehr an Fremde, sondern nur noch vertrauten und bekannten Personen. Die **dritte Phase** findet zwischen dem sechsten Lebensmonat und dem dritten Lebensjahr statt. Krabbeln, greifen und rutschen sind nun möglich, sowie auch die Entwicklung einer Vorstellung der eigenen Mutter. Der Säugling hat durch den Entwicklungsstand seinen Bestand an Verhaltensweisen erweitert und ist nun in der Lage Bindungsverhalten zu zeigen und die Nähe seiner Mutter aktiv zu suchen. Außerdem ist er nun auf einige primäre Bezugspersonen fokussiert. Ab dem vierten Lebensjahr durchläuft die frühkindliche Bindung die **vierte und letzte Phase**. Sie wird als Phase der „zielkorrigierten Partnerschaft" deklariert und ist durch die Zunahme geistiger Fähigkeiten gekennzeichnet, welche das Kind dazu befähigen zu verhandeln und Diskussionen zu führen. Sie beginnt also erst ab dem Zeitpunkt, an dem das Kind sprechen kann und auch in der Lage ist, die Bedürfnisse und Pläne der Mutter bzw. Bindungsperson zu berücksichtigen bzw. zu verstehen. Die ersten drei Phasen zeichnen sich durch die Tatsache aus, dass das Kind nur versuchen konnte durch sein Signalverhalten die Mutter vom aktuellem Handeln ablenken. Nun kann er aber verstehen warum seine Mutter so handelt und kann durch aktives eingreifen, seine Bedürfnisse ausdrücken und verhandeln.[24]

Ist ein Kind erstmal an seine Mutter gebunden, so spricht man von **einer Bindungsorganisation**, die das Kind innerhalb seines Bindungsverhaltenssystems abspeichert, inklusive der damit verknüpften Gefühle und Gedanken. Die Organisation ergibt sich aus den Verhaltensweisen, die die Nähe und Sicherheit der Mutter herbeiführen.[25] In der Regel zeigen die meisten Säuglinge im Alter von neun Monaten ein klar erkennbares orientiertes Bindungsverhalten, wobei es aber einige Kinder gibt, bei denen sich die Entwicklung bis ins zweite Lebensjahr hinauszögern kann (Bindungsverzögerung). Dies tritt allerdings nur auf, wenn die Mutter wenig soziale Reize zur Verfügung stellt.[26]

Im Laufe der Zeit wird dann über das Bindungsverhalten und die Reaktionen der Mutter ein inneres Konstrukt geformt, welches diese Erfahrungen abspeichert und repräsentiert. Diese Repräsentation der Bindungserfahrungen betitelt die Bindungstheorie als „innere **Arbeitsmodelle**", welche im nächsten Unterkapitel betrachtet werden sollen.

---

[24] Vgl.: Hédervári-Heller, 2011, S. 62.; Vgl.: Grossmann & Grossmann, 2012, S. 75ff.; Vgl.: Veith, 2008, S. 8.
[25] Vgl.: Grossmann & Grossmann, 2015, S. 381f.
[26] Vgl.: Bowlby, 2006, S. 304.

2.3 Das Konstrukt des inneren Arbeitsmodells

John Bowlby erkannte schon früh den beachtlichen Einfluss von Bindungsbeziehungen und ihren inneren Repräsentationen auf die Entwicklung des Humanen. Die inneren Repräsentationen der jeweiligen Bindungsbeziehungen helfen bei der Regulierung dieser und beruhen auf den Erfahrungen, die die Kinder mit ihren Eltern machen und umgekehrt. Das heißt, dass die in den ersten Lebensmonaten individuellen Unterschiede in der Mutter-Kind Interaktion, inklusive entstandener Muster, das Fundament der inneren Arbeitsmodelle bilden.[27]

Als erstes speichert das Arbeitsmodell verwirrende, erschreckende und angstbesetzte Situationen ab und dann, ob sich das Kind durch Geborgenheit beruhigen lässt und dann frei für andere Eindrücke sowie Aktivitäten ist (Einsetzen des Explorationssystems). Die Bildung des inneren oder auch mentalen Arbeitsmodells macht das Verhalten der Mutter sowie des Kindes in Bindungssituationen vorhersehbar. Innere Arbeitsmodelle können also als eine Art Sicherheitssystem verstanden werden, in dem jede neu gemachte Erfahrung einer Prüfung unterzogen wird, um „alte" Erfahrungswerte zu widerlegen oder zu untermauern. Das Modell baut sich also durch Bindungserfahrungen auf und ist anfangs stetig veränderbar und flexibel, doch verfestigt sich im weiteren Entwicklungsverlauf zunehmend. So ergibt sich die sogenannte **Bindungsrepräsentation**, die später noch Beachtung finden soll.[28]

Durch die vom inneren Arbeitsmodell bedingte Vorhersehbarkeit bestimmter Bindungssituationen, ist das Kind dazu befähigt sein Verhalten zu planen und bestimmte Dinge vorwegzunehmen. Sie sind also *„integrative Komponenten von Verhaltenssystemen und spielen eine aktive Rolle bei der Beeinflussung von Verhalten."*[29] Mentale Arbeitsmodelle sind also auch als eine Art „inneres Regelsystem" zu verstehen, welches nicht nur über die Verhaltensweisen und Erfahrungseinschätzungen entscheidet, sondern auch über den Aufmerksamkeitsfokus und die Gedächtnisorganisation. Sie erweitern oder beschränken das Maß an Erkenntnisgewinn, welches ein Individuum über sich selbst und diverse Bindungsbeziehungen machen kann. Innere Arbeitsmodelle enthalten also das Selbstbild des Kindes, das der Umwelt und auch das Bild der jeweiligen Bindungsperson(en). Die Existenz dieser inneren Arbeitsmodelle ist notwendig, damit im späteren Erwachsenenalter auch andere Bindungsfiguren die Funktion der „sicheren Basis" einnehmen können.[30]

---

[27] Vgl.: Brisch, Grossmann, Grossmann, & Köhler (Hrsg.), 2002, S. 13ff.

[28] Vgl.: Ahnert, 2010, S. 45ff.; Vgl.: Brisch K.-H. , 1999, S. 37.

[29] Sprangler & Zimmermann (Hrsg.), 1995, S. 112.

[30] Vgl.: Sprangler & Zimmermann (Hrsg.), 1995, S. 112.; Vgl.: Lengning & Lüpschen, 2012, S. 29.; Vgl.: Brisch K. H. (Hrsg.), 2013, S. 14.

Angesichts dieser Analyse von inneren Arbeitsmodellen erklärt sich von selbst, dass das Kind im Laufe der Zeit Erwartungshaltungen gegenüber bestimmten Bindungssituationen mitbringt und somit die Art der Bindungsbeziehung auch die Art des inneren Arbeitsmodells bestimmt. Die Bindungstheorie stellt dabei einen Zusammenhang zwischen dem jeweiligen Bindungsmuster und dem inneren Arbeitsmodell her, welcher in Verlauf der Ausführungen noch Berücksichtigung findet.[31] Ein **wünschenswertes inneres Arbeitsmodell** zeichnet sich dadurch aus, dass die Bindungsperson stetig zur Verfügung steht und die Bereitschaft mitbringt zu helfen und Trost zu spenden. Analog dazu sollte sich die Bindungsperson selbst als eine im Grunde gutmütige Person erleben, die es verdient Hilfe zu bekommen, wenn sie gebraucht wird.[32]

Die Ausführungen zeigen, dass eine sichere Bindung zwischen Mutter und Kind und somit auch die Struktur des inneren Arbeitsmodells maßgeblich von der mütterlichen Reaktionsfärbung und ihren Verhaltensweisen abhängig ist. Es beeinflussen also diverse Faktoren die Bindungsunterschiede, welche durch das Konzept der Feinfühligkeit gut erklärt werden können.

2.4 Das Konzept der mütterlichen Feinfühligkeit

Bowlby's Bindungstheorie *„geht von einem naturgeschichtlich „gesunden" Modell der Kind-Mutter und Kind-Vater-Beziehung aus."*[33] Fürsorge, empathisches Verhalten, Schutz, Verbundenheit und die Erkundung der Lebenswelt ohne Angst, assoziiert man für gewöhnlich mit positiven Gefühlen, da diese Gegebenheiten überlebenswichtig und für eine adäquate Anpassung unabdingbar sind. Dies bestätigt auch die Biologie, sodass die Bindungstheorie misslungene Entwicklungen als Resultat von fehlender Fürsorge und Schutz einordnet und diese als Abweichungen von Normalentwicklungen deklariert.[34]

Um zu verdeutlichen wie einen naturgeschichtlich „gesundes" Modell der Kind-Mutter und Kind-Vater-Beziehung aussieht, hat die amerikanische Psychologin Mary Ainsworth mit Hilfe diverser Beobachtungsstudien versucht herauszufinden, welche Faktoren die **Bindungsqualität** beeinflussen. Schnell stellte sie fest, dass die sich die unterschiedlichen Bindungsqualitäten *„[...] auf die Besonderheiten der affektiv getönten Erfahrungen des Kindes mit seinen primären Bezugspersonen [...]"* [35] zurückführen lassen. Für Ainsworth ist die mütterliche Feinfühligkeit der entscheidende Faktor, der die Qualität der Bindung bestimmt. Sie fand heraus, dass die

---

[31] Vgl.: Lengning & Lüpschen, 2012, S. 29f.
[32] Vgl.: Grossmann & Grossmann, 2012, S. 76.
[33] Grossmann & Grossmann, 2012, S. 67.
[34] Vgl.: ebd., S. 67.
[35] Schleiffer, 2015, S. 33. Auslassungen: J.O.

Person die feinfühlig auf den Säugling reagiert, auch seine Bindungsperson ist bzw. wird. Stellenweise ist die Feinfühligkeit in ihren Verhaltensweisen gleichzusetzen mit einer ausgeprägten Fähigkeit zur Empathie.[36]

Folgende Merkmale kennzeichnen mütterliche Feinfühligkeit: Zum ersten muss die Mutter den Signalen des Kindes Aufmerksamkeit schenken und diese registrieren. Es kann dabei zu Verzögerungen kommen, wenn die Mutter gerade mit sich selbst und ihren Bedürfnissen beschäftigt ist. Wer also auf die kleinsten Äußerungen seines Kindes reagiert und dies nicht erst bei offensichtlichen Signalverhaltensweisen macht, ist nach Ainsworth feinfühlig. Das zweite Merkmal von Feinfühligkeit ist, dass die Signale des Kindes ohne Verzerrung wahrgenommen und richtig gedeutet werden. Das heißt, dass die Mutter beispielsweise erkennen muss ob das Kind gerade vor Hunger oder Langeweile weint. Es könnte durchaus vorkommen, dass durch die Projektion eigner Bedürfnisse die des Kindes verzerrt oder missinterpretiert werden. Zum drittem ist es für einen feinfühligen Umgang von besondere Relevanz, dass die Mutter dazu befähigt ist, angemessen auf die Signale ihres Kindes zu reagieren. Zum Beispiel, indem sie etwa die richtige Menge an Nahrung rausgibt, oder die richtigen Spielanreize schafft. Als viertes Merkmal von Feinfühligkeit gilt die prompte Reaktion auf die Bindungsverhaltensweisen. Es ist wichtig innerhalb einer für das Kind erträglichen Frustrationszeit zu reagieren, wobei frisch geborene Kinder direkt Befriedigung ihrer Bedürfnisse brauchen, wohingegen ältere Kinder eine längere tolerierbare Frustrationszeit haben.[37]

Den meisten Eltern fällt es nicht schwer die Signale ihrer Kinder wahrzunehmen, wohingegen aber die richtige Interpretation dieser nicht allen Eltern (sofort) gelingt. Besondern beim ersten Kind fiel es den meisten Müttern schwer anhand des Schreiklanges zu erkennen, ob die kindliche Windel voll, oder der Magen leer ist. Sie brauchten erstmal eine Zeit des Ausprobierens, um die Signale angemessen zu deuten. Vice versa gilt dies auch für die passende Reaktion auf die Bedürfnisse des Kindes. Angemessene Reaktionen müssen bei jedem Kind neu erlernt werden, denn diese sind nicht mit den Wünschen und Bedürfnissen der Geschwisterkinder vergleichbar. Und auch die Anpassung der Frustrationszeit an das jeweilige Alter, ist jedes Mal eine Herausforderung und bedarf einer ausgeprägten Fähigkeit zur Feinfühligkeit. Besondern wichtig erscheint in diesem Zusammenhang, dass selbst einige feinfühlige Eltern die Auffassung vertreten, eine prompte Reaktion auf Signalverhaltensweisen würde das Kind zu sehr verwöhnen. Sie sind der Meinung, dass ein Kind lernen muss mit Frustration klar zu kommen. Widersprüchlich angesichts der Tatsache, dass sich Feinfühligkeit insofern von Verwöhnung

---

[36] Vgl.: Schleiffer, 2015, S. 33.; Vgl.: Finger-Trescher & Krebs, 2003, S. 52f.
[37] Vgl.: Ahnert, 2010, S. 56.; Vgl.: Lengning & Lüpschen, 2012, S. 24.; Vgl.: Brisch K.-H. , 1999, S. 40f.; Vgl.: Finger-Trescher & Krebs, 2003, S. 52f.

unterscheidet, dass es das Kind dazu befähigt, Selbstständigkeit und eine wachsende Kommunikationsfähigkeit zu entwickeln. Ein weniger feinfühliger Umgang hingegen, führt zur auffallenden Unabhängigkeit von der mütterlichen Unterstützung, Ängstlichkeit und aggressiven Gefühlen.[38]

Wie schon eingangs erwähnt, hat Mary Ainsworth diverse Studien durchgeführt, dessen wissenschaftlicher Fokus auf die Erforschung von Bindungsqualitäten lag. Ein *„ethologischer Zugang zur Persönlichkeitsentwicklung"* [39] war dabei zentrales Anliegen ihrer Forschungen. Dazu erarbeitete sie mit Hilfe ihrer Arbeitsgruppe Ende der 60er Jahre eine Laborsituation, die als „Fremde Situation" bezeichnet wird.[40] Im nächsten Kapitel wird diese Laborsituation grob in ihrer Konzeption beschrieben und anschließend werden die Bindungsmuster näher erläutert.

3. Die „Fremde Situation" nach Mary Ainsworth

Die Entwicklung der standardisierten Situation „Fremden Situation" hat die Ermittlung individueller Qualitätsunterschiede innerhalb von Bindungsbeziehungen möglich gemacht. In dem Beobachtungsverfahren wurden Kinder im Alter zwischen zwölf und achtzehn Monaten inklusive seiner Mutter, seinem Vater oder anderen Bindungsperson auf die Qualität der Bindung hin untersucht. In einem Zeitraum von 20 Minuten wurde eine fremde Situation simuliert (Fremdheit lässt das Bindungssystem aktiv werden und macht es sichtbar): Das Kind und die Bindungsperson betreten eine unbekannte Räumlichkeit, in dem Spielzeug angeboten wird. Dann kommt eine fremde Erwachsene herein und gesellt sich dazu. Nach drei Minuten verlässt die Mutter das Zimmer und das Kind bleibt bei der freundlichen und unbekannten Dame und kommt nach genau drei Minuten zurück in den Raum. Loslösung und Wiedervereinigung werden dann insgesamt dreimal wiederholt und währenddessen wird das kindliche Verhalten genauestens protokolliert. Aus den gezeigten Verhaltensweisen ließen sich dann drei klassischen Reaktionsmuster ableiten. Sie erhalten Informationen über die Organisation der Bindung und gegebenenfalls über Anpassungsstrategien. Später hat dann die Psychologin Mary Main die ermittelten Reaktionsmuster der Kinder um eine weitere Kategorie erweitert. Diese vier klassischen Reaktionsweisen wurden dann gewissen Bindungsmustern zugewiesen.[41] Wie genau sich

---

[38] Vgl.: Brisch K.-H. , 1999, S. 41f.
[39] Ainsworth & Bowlby, 1999/2003, zitiert nach Brisch & Hellbrügge (Hrsg.), 2014, S. 20.
[40] Vgl.: Brisch & Hellbrügge (Hrsg.), 2014, S. 19f.; Vgl.: Henri, Gasteiger-Klicpera, & Kißen, 2009, S. 91.; Vgl.: von Kitzing, (Hrsg.), 2009, S. 7.
[41] Vgl.: Gaschler & Buchheim (Hrsg.), 2012, S. 2f.; Vgl.: Hédervári-Heller, 2011, S. 63f.; Vgl.: Grossmann & Grossmann, 2012, S. 137.; Vgl.: Kirschke & Hörmann, 2014, S. 9.

Bindungsmuster kategorisieren lassen und sich dann letztendlich äußern, zeigt der nächste Abschnitt auf.

3.1 Bindungsmuster

Mary Ainsworth entwickelte ein Klassifikationssystem zur Ermittlung und Bewertung der Bindungsqualität und die daraus entstehenden Bindungsmuster. Es unterstützt bei der Einordnung des kindlichen Verhaltens gegenüber seiner Bindungsperson und der fremden Person und hilft zu erkennen, inwieweit das Kind seine Emotionen äußern kann und seine Mutter als sichere Basis nutzt. Nach vielen Modifikationen und Optimierungen haben Ainsworth und Kollegen Verhaltensskalen entwickelt, die das Verhalten nach der Wiedervereinigung und während der Trennung von Mutter und Kind beurteilen. Bei der Beobachtung werden dabei vier Verhaltensbereiche fokussiert. Zum ersten wird beobachtet welche Verhaltensweisen das Kind zeigt, damit Nähe bzw. Körperkontakt zur Mutter hergestellt wird und zum anderen, welche Aktivitäten das Kind zeigt, um diesen aufrechtzuerhalten. Eine weitere Verhaltensskala zur Beurteilung von Bindungsqualitäten ist die Beobachtung von Abwehrverhalten. Es werden einzelnen Anzeichen des Widerstands beobachtet, wie beispielsweise ärgerliches Schreien, Gereiztheit, auf den Boden werfen usw., welche das Kind durchaus während der Testsituation gegenüber der fremden Erwachsenen oder seiner Mutter zeigen könnte. Und zu guter Letzt wird mit der vierten Verhaltensskala die Aktivität des Kindes beobachtet, die die Nähe zur Mutter vermeiden soll. Diese Verhaltensbereiche werden in Rahmen einer vorgegebenen Struktur untersucht: Es wird beobachtet, in welchem Ausmaß kindliche Aktivität gezeigt wird und wie prompt ein Verhalten zu Beginn der Episode auftritt. Außerdem werden die Abundanz und die Dauer der jeweiligen Aktivität schriftlich festgehalten und analysiert. Mit Hilfe dieses gerade dargelegten Untersuchungsvorgehen ist es Mary Ainsworth tatsächlich gelungen, drei Bindungsmuster zu klassifizieren. [42] Diese sollen im nächsten Abschnitt erläutert werden, sowie auch das vierte Bindungsmuster, welches von Mary Main modifiziert wurde. Die drei erst genannten Bindungsmuster sind organisierte Verhaltensmuster wobei letzteres desorganisiert ist.

3.1.1 Sicheres Bindungsmuster (Typ B)

Etwa 60 % aller Säuglinge weisen im Alter von zwölf Monaten eine sichere Bindung zur   Bindungsperson auf. In der „Fremden Situation" zeigen sie in manchen Fällen Stressgefühle, als

---

[42] Vgl.: Hédervári-Heller, 2011, S. 64f.; Vgl.: Henri, Gasteiger-Klicpera, & Kißen, 2009, S. 97f.

die Trennung der Mutter eintritt. Sie wünschen sie deutlich spürbar den Kontakt zur Mutter, auch wenn sie sich in einigen Fällen von der fremden Person beruhigen lassen. Zu dieser sind die manchmal freundlich, aber nicht in allen Fällen. Die Bezugsperson bzw. Mutter dient als sichere Basis, von der aus Exploration betrieben werden kann und bei der Wiedervereinigung sucht das Kind sofort den Kontakt zu dieser und lässt sich schnell von ihr trösten. Insgesamt lässt sich sagen, dass diese den Wunsch nach Bindung offen kundtun und beziehungsorientiert handeln. Außerdem suchen sie in Belastungssituationen immer ihre Bezugsperson auf. Resultierend daraus bildet sich ein gesundes Selbstkonzept aus, welches sich insbesondere durch Selbstachtung auszeichnet. Das innere Arbeitsmodell wird von Handlungsfähigkeit und Autonomie dominiert und der Zugang zu den eigenen Emotionen gelingt gut.[43]

3.1.2 Unsicher-vermeidendes Bindungsmuster (Typ A)

Das unsicher-vermeidendes Bindungsmuster zeigen etwa 25 % aller Säuglinge in der Bindung mit ihrer Bindungsperson. In der „Fremden Situation" machen die Kinder den Eindruck angstfrei zu sein und bei der Trennung von Mutter und Kind gibt es keine Anzeichen von kindlichem Stress. Bei der Wiedervereinigung wird die Mutter wie Luft behandelt oder nur flüchtig begrüßt. Wenn der Säugling von der Mutter auf den Arm genommen wird umschlingen sie diese nicht und ihr Trieb zu explorieren ist während der gesamten Testsituation wenig bis gar nicht eingeschränkt. Sie schenken eher der fremden Person Aufmerksamkeit, denn sie haben gelernt, ihren Stress selbst zu regulieren. Vermeidungsverhalten ist dabei als Strategie zu verstehen, die Nähe erzeugen soll und hat seine Wurzeln in der ständigen Angst von der Mutter abgewiesen zu werden. Das innere Arbeitsmodell ist durch eine lieblose Haltung gegenüber der eigenen Person gekennzeichnet und das Kind empfindet alle Personen als abweisend. Kinder mit einem unsicher-vermeidendem Bindungsmuster umgehen somit Beziehungen und suchen auch keinerlei Unterstützung bei anderen Personen. Das Selbstkonzept beruht auf der Illusion der eigenen Unantastbarkeit, das heißt Schwächen werden verborgen und nicht zugegeben. Emotionen negativer Natur werden verheimlicht oder gar abgestritten. Sie suchen zwar den Kontakt zur Bindungsperson, welcher gleichzeitig auch wieder abgelehnt wird. Seine Bindungserfahrungen haben gezeigt, dass die Nähe zur Mutter nur bestehen kann, wenn er seine Bedürfnisse unterdrückt und vorgibt ein glückliches Kind zu sein.[44]

---

[43] Vgl.: Trost (Hrsg.), 2014, S. 17.; Vgl.: Howe, 2015, S. 61.; Vgl.: Lengning & Lüpschen, 2012, S. 18ff.
[44] Vgl.: Lengning & Lüpschen, 2012, S. 18ff.; Vgl.: Howe, 2015, S. 62.; Vgl.: Héderávi-Heller, 2011, S. 66.; Vgl.: Trost (Hrsg.), 2014, S. 17

3.1.3 Unsicher-ambivalentes Bindungsmuster (Typ C)

Mit einer Prävalenz von ca. 10 % sind Säuglinge unsicher-ambivalent an ihre Bindungsperson gebunden. Das Bindungsverhaltenssystem ist in der „Fremden Situation" bereits aktiviert, während die fremde Person und die Mutter noch anwesend sind. Nicht verwunderlich, dass sie kaum bis gar kein Explorationsverhalten zeigten und die Trennung zur Mutter auffallend viel Stress verursachte. Das Verhalten drückt sich in Widersprüchlichkeiten aus, die einerseits von Kontakt suchen und andererseits von vermeidendem Verhalten geprägt sind. Kinder mit einem Bindungsmuster des Typs C machen einen quengeligen, wütenden manchmal sogar passiven bis depressiven Eindruck und lassen sich bei der Widervereinigung nur schwer von ihrer Mutter beruhigen. Die Bindungspersonen des Kindes zeichnen sich charakterlich durch ihre lückenhafte Bereitschaft zur Reaktion und Unsensibilität sowie Unzuverlässigkeit aus. Diese Kinder bedienen sich einer ambivalenten Strategie und zeigen ihr Bindungsverhalten in auffällig hoher Intensität. Sie kämpfen quasi um Aufmerksamkeit, wobei dieses Verhalten bei elterlicher Gleichgültigkeit oder emotionaler Unzugänglichkeit am stärksten gezeigt wird. Ihre internalen Arbeitsmodelle enthalten ein von wenig Vertrauen geprägtes Selbstbild und ein Gefühl von Abhängigkeit. Emotionen können schlecht in das eigene Verhalten integriert werden, oder werden teilweise vertuscht. Kinder mit dem Bindungsmuster des Typs C nehmen andere Menschen oftmals als unberechenbar, unsensibel und vernachlässigend war.[45]

3.1.4 Desorganisiertes Bindungsmuster (Typ D)

Organisierte Bindungsmuster unterliegen der Anpassung an das jeweilige Fürsorgeumfeld. Das vom Kind internalisierte Bindungsmuster ist die beste Methode, um sich im Bindungsverhalten zielorientiert zu organisieren. Diese Art der Bindungsorganisation funktioniert leider nicht in jedem kindlichen Umfeld. Es hat sich keine Strategie bewährt, die erfolgreich zur besseren Verfügbarkeit oder Reaktionsbereitschaft der Bezugsperson führt, sodass die Wissenschaft diesen Sachverhalt dem sogenannten „desorganisierten Bindungsmuster" zugeordnet hat.

Desorganisierte Kinder haben durch ihre Mutter wenig Schutz und Sicherheit erfahren und teilweise wirken diese sogar angstauslösend oder -verstärkend auf sie. Studien ergaben, dass hauptsächlich die Kinder psychisch kranker Eltern betroffen sind, und auch jene die vernachlässigt

---

[45] Vgl.: Lengning & Lüpschen, 2012, S. 18ff.; Vgl.: Trost (Hrsg.), 2014, S. 17.; Vgl.: Howe, 2015, S. 63.

oder sexuell/psychisch/körperlich misshandelt wurden. Sie leiden oftmals unter starren, standardisierten und auffälligen Verhaltensweisen und haben eine eindeutig gestörte Beziehung zu ihrer Bindungsperson. In der simulierten Trennungssituation in der „Fremden Situation" verfügten die Kinder über kein Verhaltensrepertoire auf das sie zurückgreifen konnten und es kam quasi zum völligen Zusammenbruch ihrer Verhaltensstrategien. In Belastungssituation reagieren sie desorganisiert, was bis hin zu tranceähnlichen Zuständen führen kann. Das kindliche Verhalten ist durch die Desorganisation nicht vorhersehbar, was sich in der zeitweisen Kontaktsuche und zweitweisen Kontaktvermeidung gegenüber der Bindungsperson und erstarrten Bewegungen zeigt. In ausgewählten Stichproben zeigten 15 – 20 % der getesteten Kinder diese desorganisierten Bindungsmuster. Längsschnittstudien beweisen, dass traumatische Erfahrungen des Säuglings selbst, oder die der Eltern sich zu 70 – 80 % in einem desorganisierten Bindungsmuster widerspiegeln.[46]

Zahlreiche Studien beweisen, dass es eine sichere Bindung einen Schutzfaktor darstellt und eine unsichere Bindung einen Risikofaktor. Sichere Bindungen unterstützen die körperliche Gesundheit und eine stabile psychische Entwicklung, wohingegen eine unsichere Bindung zu späteren Krankheiten führen kann, da Betroffene sich seltener Hilfe suchen und eher alleine mit ihren Problemen sind. Bei diesem Typ von Bindungsmuster spricht man zwar noch nicht von einem psychopathologischen Erkrankungszustand oder einer Bindungsstörung, dennoch hat sie maßgeblich negativen Einfluss auf die seelische Entwicklung des Kindes. Manchmal ist es sogar möglich, dass der Typ D nicht durch direkte traumatische Erfahrungen entstanden ist, sondern durch die der vorherigen Generationen. So kann es sein das die unverarbeiteten Kriegserlebnisse des Urgroßvaters dem Urenkel psychisch weiterhin anlasten.[47]
Auf dieser Erkenntnis aufbauend hat Mary Main sich tiefgreifender mit der Bindungsrepräsentation der Eltern und ihre Auswirkung auf das Kind beschäftigt. Diese können aus Platzgründen nicht weiter analysiert werden. Dennoch soll darauf hingewiesen werden, dass es Studien gibt die beweisen, dass Eltern ihr eigenes Bindungsmuster an ihre Kinder weitergeben (In 70 % der Fälle gab es eine Übereinstimmung zwischen den Mustern).[48]

---

[46] Vgl.: Trost (Hrsg.), 2014, S. 18.; Vgl.: Ahnert, 2010, S. 52f.; Vgl.: von Kitzing (Hrsg.), 2009, S. 9f. Vgl.: Hédervári-Heller, 2011, S. 67.; Vgl.: Brisch K. H., 2010, S. 57f.
[47] Vgl.: Brisch K. H., (Hrsg.), 2015, S. 278.; Vgl.: Hédervári-Heller, 2011, S. 67.
[48] Vgl.: Brisch K.-H. , 1999, S. 54.

Fazit / Schlussbetrachtung

Aus Platzgründen ist es nur möglich einen kleinen Korpus an bindungswissenschaftlicher Erkenntnis festzuhalten, dennoch konnte deutlich dargestellt werden, was die Kernaussagen der Bindungstheorie sind und wie eine Bindung sich entwickelt, abzeichnet und wie sie sich auswirkt. John Bowlby und Mary Ainsworth haben die Wissenschaft mit ihrer Arbeit bereichert. Studien, die als Instrument die „Fremde Situation" in ihrem Aufbau simulierten um Bindungsmuster sichtbar zu machen, beurteilen dies als eine adäquate Erfassungsmethode, welche sich sehr durch ihr präzises Vorgehen auszeichnet.[49] Außerdem ist positiv anzumerken, dass die Bindungstheorie und auch die angekoppelte Forschung, die Arbeit sowie das Verständnis eines Therapeuten insofern bereichern kann, dass die Kenntnis über den komplexen Prozess der Bindung in die jeweilige Intervention etabliert werden kann, ohne das die Theorie irgendwas dazu vorgibt.[50] So ist es nicht verwunderlich, dass die Bindungstheorie eine echt Bereicherung in der Versorgung von Kindern ist, die unter einer „Mutterentbehrung" litten oder immer noch leiden, denn die Behandlung der erlittenen Schäden ist nicht für den Einzelnen wichtig, sondern auch für eine Gesellschaft der es auf geistiger, sozialer und seelischer Ebene gut ergehen soll. Schließlich kann ein verletztes Kind niemals zu einem starken und kompetenten Erwachsenen heranwachsen, was dann wiederum auch für deren Kinder gilt.[51]

Es ist zwar allgemein bekannt und mittlerweile auch wissenschaftlich bewiesen, dass es einen Zusammenhang zwischen früherer Schädigung und späteren psychopathologischen Schädigungen gibt. Dennoch weiß man bisher viel zu wenig über die Mechanismen die dazu führen. Die Bindungsforschung ist also in ihren wissenschaftlichen Zweigen immer noch unzureichend fortgeschritten und hat das Potenzial noch viele weitere Zusammenhänge zwischen früher Bindung und späteren Erkrankungen sichtbar zu machen.[52]

Angesichts dieser Tatsache ist es umso bedauerlicher, dass der immense Stellenwert der frühkindlichen Entwicklung die letzten Jahrhunderte nicht erkannt wurde und dieser Wissenschaftszweig solange keine Beachtung gefunden hat.[53] Dies könnte Resultat unserer gesellschaftlichen Entwicklung sein, denn vor der Industrialisierung und der immer mehr voranschreitenden Urbanisierung, war die klassische Großfamilie und / oder das enge Netz mit den Nachbarn fest in das Leben der Menschen integriert. Es bestand also nicht das Problem von elternlosen / heimatlosen Kindern, sodass Heime nicht die Regel waren. In Not oder Ausfall der Eltern, stand das

---

[49] Vgl.: Ahnert, 2010, S. 55.
[50] Vgl.: Holmes, 2012, S. 13.
[51] Vgl.: Bowlby, 2001, S. 199.
[52] Vgl.: Brisch K. H. (Hrsg.), 2012, S. 147.
[53] Vgl.: Posth, 2014, S. 11.

soziale Auffangnetz in Form von Nachbarn / Familie stetig zur Verfügung. Dies ist insbesondere durch die zwei Weltkriege immer mehr verloren gegangen, sodass aufgrund der beobach-
teten Verhaltensweisen an Heimkindern erstmals ein größeres Interesse an der Bindungsforschung entstand. Bowlby spricht in diesem Zusammenhang von zerrütteten Familien, die aufgrund dieser gesellschaftlichen Struktur mit mehr Verantwortung belastetet werden und als
Folge dessen Deprivationen innerhalb der Eltern-Kind-Beziehung sichtbar werden.[54] In diesem
Zusammenhang gebracht, scheint diese Bindungstheorie aus einer gesellschaftlichen Notwe-
nigkeit heraus entstanden zu sein und erweist sich bis heute als ein wertvoller Baustein, wenn
es um die Ergründung der menschlichen Psyche geht.

---

[54] Vgl.: Bowlby, 1973, S. 103.

Literaturverzeichnis

Ahnert, L. (2010). *Wieviel Mutter braucht ein Kind?* Heidelberg: Spektrum. Akademischer Verlag.

Beldowitsch, R. (2011). *Kindliche Bindung und elterliche Fürsorge. Eine Herausforderung für die Sozialpädiatrie. Ingural- Dissertation zur Erlagung der Doktorwürde der Philosophoischen Fakultät der Rheinischen Friedrich-Wilhelms-Universität zu Bonn.* Bonn: o. A.

Bowlby, J. (1973). *Mütterliche Zuwendung und geistige Gesundheit. Maternal Care and Mental Health.* München: Kindler-Verlag.

Bowlby, J. (2001). *Frühe Bindung und kindliche Entwicklung. 4. neugestaltete Auflage.* München ; Basel: Ernst Reinhardt Verlag.

Bowlby, J. (2006). *Bindung.* München: Ernst Reinhardt-Verlag.

Bowlby, J. (2014). *Bindung als sichere Basis. Grundlagen und Anwendung der Bindungstheorie. 3. Auflage.* München: Ernst Reinhardt-Verlag.

Brisch, K. H. (2010). *SAFE. Sichere Ausbildung für Eltern. Sichere Bindung zwischen Eltern und Kind. 7 Auflage.* Stuttgart: Klett - Cotta.

Brisch, K. H. (Hrsg.) (2012). *Bindungen - Paare, Sexualität und Kinder.* Stuttgart: Klett - Cotta.

Brisch, K. H. (Hrsg.) (2011). *Bindung und frühe Störungen der Entwicklung. 2. Auflage .* Stuttgart: Klett - Cotta.

Brisch, K. H. (Hrsg.) (2013). *Bindung und Sucht.* Stuttgart: Klett - Cotta.

Brisch, K. H. (Hrsg.) (2015). *Bindung und Psychosomatik.* Stuttgart: Klett - Cotta.

Brisch, K. H., & Hellbrügge, T. (Hrsg.) (2014). *Wege zu sicheren Bindungen in Familie und Gesellschaft. Prävention, Begleitung, Beratung und Psychotherapie. 2. Auflage .* Stuttgart: Klett - Cotta.

Brisch, K. H., Grossmann, K. E., Grossmann, K., & Köhler, L. (Hrsg.) (2002). *Bindung und seelische Entwicklungswege. Grundlagen, Prävention und klinische Praxis.* Stuttgart: Klett - Cotta.

Brisch, K.-H. (1999). *Bindungsstörungen. Von der Bindungstheorie zur Therapie.* Stuttgart: Klett-Cotta.

Finger-Trescher, U., & Krebs, H. (2003). *Bindungsstörungen und Entwicklungschancen.* Gießen: Psychosozial-Verlag.

Gaschler, K., & Buchheim, A. (Hrsg.) (2012). *Kinder brauchen Nähe. Sichere Bindung aufbauen und erhalten.* Heidelberg & Stuttgart: Schattauer Verlag & Spektrum der Wissenschaft Verlagsgesellschaft .

Grossmann, K., & Grossmann, K. E. (2011). *Bindung und menschliche Entwicklung. John Bowlby, Mary Ainsworth und die Grundlagen der Bindungstheroie. 3 Auflage.* Stuttgart: Klett - Cotta.

Grossmann, K., & Grossmann, K. E. (2012). *Bindungen - das Gefüge psychischer Sicherheit.* *5., vollständig überarbeitete Auflage.* Stuttgart: Klett - Cotta.

Hédervári-Heller, É. (2011). *Emotionen und Bindung bei Kleinkindern. Entwicklung verstehen und Störungen behandeln.* Weinheim und Basel: Beltz Verlag.

Henri, J., Gasteiger-Klicpera, B., & Kißen, R. (2009). *Bindung im Kindesalter. Diagnostik und Intervention.* Göttingen : Hogrefe Verlag.

Holmes, J. (2012). *Sichere Bindung und Psychodynamische Therapie.* Stuttgart: Klett - Cotta.

Howe, D. (2015). *Bindung über die Lebensspanne. Grundlagen und Konzepte der Bindungstheorie.* Paderborn: Jungfermann Verlag.

Kirschke, K., & Hörmann, K. (02 / 2014). Die Bindungstheorie. Abgerufen am 03.07.2018 von https://www.kita-fachtexte.de/uploads/media/KiTaFT_kirschke_hoermann_2014.pdf

Kitzing, v. (Hrsg.) (2009). *Reaktive Bindungsstörungen.* Heidelberg: Springer Medizin Verlag.

Lengning, A., & Lüpschen, N. (2012). *Bindung.* Stuttgart: Ernst Reinhardt Verlag.

Posth, R. (2014). *Vom Urvertrauen zum Selbstvertrauen. Das Bindungskonzept in der emotionalen und psychosozialen Entwicklung des Kindes. 3. , verbesserte und ergänzte Auflage..* Münster: Waxmann Verlag.

Schleiffer, R. (2015). *Fremdplatzierung und Bindungstheorie.* Weinheim und Basel: Beltz - Juventa.

Sprangler, G., & Zimmermann, P. (Hrsg.) (1995). *Die Bindungstheorie. Grundlagen, Forschung und Anwendung.* Suttgart: Klett - Cotta.

Suess, G. J. (2011). *Missverständnisse über Bindungstheorie. Eine Expertise der Weiterbildungsinitiative Frühpädagogische Fachkräfte (WiFF).* München: Deutsches Jugendinstitut e. V. (DJI).

Trost, A. (Hrsg.) (2014). *Bindungsorientierung in der sozialen Arbeit. Grundlagen - Forschungsergebnisse - Anwendungsbereiche.* Dortmund: Borgmann.

Veith, C. (2008). Die Bindungstheorie. Überblick und neuere Forschungsansätze. (Sozialpädagogisches Institut, Fachbereich Pädagogik, SOS Kinderdorf ,Hrsg.) Insbruck. Abgerufen am 05. 07. 2018 von https://www.sos-kinderdorf.at/getmedia/c23cbf7c-4f49-4e04-a6f1-cac063c305b2/Veith_Bindungstheorie